L'HÉLOÏSE

DE

L'ILE-SAINT-LOUIS,

VAUDEVILLE EN UN ACTE;

Par M.ᵣˢ GEORGES DUVAL;

et Dumersan.

Représenté, pour la première fois, sur le Théâtre Montansier, le 26 Frimaire an 14,
(Mardi 17 Décembre 1805).

PRIX 1 franc.

A PARIS,

Chez Mad. CAVANAGH, Libraire, passage du Panorama, N°. 5, entre le Boulevard Montmartre et la rue Saint-Marc.

1806.

PERSONNAGES.

HUGUES de LABRETONNIERE,
  ancien maître d'Armes,   M. JOLY.
JULIE, sa fille,   Mad. DROUVILLE.
PETIT-PREUX , Instituteur au
  cachet ,   M. BRUNET.
POMARD , commis à l'Octroi,   M. CAZOT.

COUPLET D'ANNONCE.

Air : *Du Vaudeville de l'intrigue sur les Toits.*
  Loin que la critique ennemie ,
  Ait ici guidé leur pinceau ,
  Les auteurs de cette folie
  Sont de vrais amis de Rousseau.
  De son Héloïse nouvelle ,
  Puissent tous les admirateurs
  Par souvenir , pour le modèle ,
  Applaudir les imitateurs.

La Scène est dans l'île-Saint-Louis, à Paris.

Le Théâtre représente une rue de l'île-Saint-Louis ; à droite , la maison de Labretonnière ; sur le devant de la Scène , une Chaise et une Table.

L'HÉLOÏSE
DE L'ILE-S.ᴛ-LOUIS.

SCENE PREMIERE.

(*JULIE sort un Livre à la main ; elle lit avec beaucoup d'attention, et s'approche de la Table où est son Ouvrage*).

LETTRE XVIᵉ.

« L'amant de Julie, par un motif de fierté, lui renvoie son
» argent ».

LETTRE XVIIᵉ.

« Indignation de Julie sur le refus de son amant. Elle lui
» fait tenir le double de la première somme ».

LETTRE XVIII.

« L'amant reçoit la somme et part. Que c'est délicat » !

Fermons ce livre intéressant, et quittons Julie d'Etangres, pour enluminer la Barbe bleue.... L'état que je professe a pourtant bien son agrément. Il est beaucoup plus brillant que la couture à laquelle on voulait m'attacher. Graces aux conseils salutaires de M. Petit-Preux, mon instituteur, je suis venue à bout de persuader à mon père que l'aiguille d'une couturière ne valait pas le pinceau d'une enlumineuse. *Elle met son livre sur une table et enlumine.*

Air : *Jeunes beautés* (*Michel Cervantes*).
    De mille scènes de la vie
    J'embellis les tableaux flatteurs ;
    Et mon pinceau léger varie
    Les tons, les ombres, les couleurs.
    Quelquefois j'effeuille une rose,
    Je tiens, par l'aîle, un papillon ;
    Et sur des fleurs je me repose
    Malgré la plus froide saison.

Elle prend des images.
    Ces images, que pour l'enfance,
    Ici je colore à grands traits,
    Hochets de l'heureuse innocence ;
    La font jouir à peu de frais.
    Le riche avec grand étalage,
    De tableaux remplit son sallon ;
    Mais il doit regretter l'image
    Qui charma sa jeune saison.

Et à qui dois-je tout ce que je sais? à Petit-Preux. Pourtant mon père ne l'aime pas ; il est vrai qu'après moi, mon
père n'aime guères que son épée.... Il s'escrime toute la
journée.... Il est.... Ah ! le voici.

SCÈNE II.

LABRETONIERE, JULIE,

LABRETONNIERE.

Que faites-vous-là , Julie ?

JULIE.

Mon père , je travaille.

LABRETONNIERE.

Et vous lisez aussi , à ce que je vois , (*il prend le livre*).
Quel est ce livre-là ?

JULIE.

Ah ! donnez , donnez mon père.

LABRETONNIERE.

Non, non, je suis flatté de connaître le genre de vos
lectures. — La Nouvelle Héloïse ! ah, vous vous permet-
tez.... qui vous a prêté ce livre ?

JULIE.

Monsieur Petit-Preux ; il dit que c'est un très-bon roman.

LABRETONNIERE.

Ah, le faquin ! je vois son but. Il y a là-dedans un précepteur, à l'exemple duquel....

Air : *De Molière à Lyon.*

Et voilà comme tous les jours,
Maint séducteur rempli d'adresse,
A l'esprit d'un autre a recours,
Pour provoquer une faiblesse.
A se prendre de sentiment,
La jeune fille met sa gloire
Et souvent d'un très-bon roman ,
Fait une très-mauvaise histoire.

JULIE.

Pouvez-vous croire que Petit-Preux....

LABRETONNIERE.

Que je le rencontre ! et je lui fais un salut ! (*Il tire son*
épée).

JULIE.

Mais mon père , avez-vous quelque raison ?....

LABRETONNIERE.

Une, deux.

JULIE.

S'il vient, comme de coutume, me donner ma leçon....

LABRETONNIERE.

Parez celle-là.

JULIE.

Laissez vous toucher, mon père, et soyez persuadé....

LABRETONNIERE.

Sachez que Hugues de Labretonière, ancien maître d'armes, qui a eu l'honneur de toucher St. Georges, ne se laisse toucher par personne.

JULIE.

Même par sa fille ?

LABRETONNIERE.

Même par le diable !.... vous êtes une petite obstinée. Je voulais vous marier à mon ami Pomard, qui a été mon prévôt de salle pendant vingt ans, et qui maintenant exerce à la halle aux vins l'emploi prépondérant de commis : vous ne l'avez pas voulu. Restez fille.

JULIE.

Long-temps mon père?

LABRETONNIERE.

Toujours, Mademoiselle.

JULIE.

Est-ce que çà se peut, mon père ?

LABRETONNIERE.

Je n'en sais rien ; mais je sais mieux que vous le mari qui vous convient. Qu'est-ce que c'est que votre Petit-Preux ? un instituteur ambulant ; un professeur qui va dans les maisons enseigner ce qu'il ne sait pas ; un petit précepteur échappé d'un rez-de-chaussée de la rue des Marmousets ?

AIR : *De la Fanfare de Saint-Cloud.*

> D'une école secondaire,
> Il régentait les marmots,
> Leur montrait l'abécédaire,
> Et n'en faisait que des sots.
> Maintenant, il loge aux nues,
> Au septième, ou peu s'en faut.
> Mademoiselle, vos vues
> Doivent se porter plus haut.

JULIE.

Voulez-vous donc que j'épouse celui qui fait aller le télégraphe ?

LA BRETONNIERE.

Vous ne voyez pas que je m'explique métaphysique-ment ?

JULIE.

Mais, mon père, je n'ai pas d'antipathie pour M. Pomard ; seulement j'ai de la reconnaissance pour les soins que M. Petit-Preux donne à mon éducation.... il m'a déjà enseigné beaucoup de choses, et ce n'est pas encore tout.

Air : *Du Vaudeville de Cruello.*
En trois cachets il m'apprendra
Chymie,
Astrologie ;
Et de plus, il me montrera
Prosodie,
Alchymie ;
Son zèle alors augmentera,
A l'astronomie
Il joindra
La minéralogie,
Philosophie,
Et cetera,
Et votre fille après cela,
Sera,
Papa,
Une encyclopédie.

LABRETONNIERE.

Une encyclopédie ! je n'ai pas besoin que vous soyiez si savante. Adieu, je te quitte, pour aller donner une leçon, rue de l'Homme-Armé. Allons, ma fille, en garde.... contre les amoureux et sur-tout contre les livres que l'on voudra te prêter. Quant à celui-ci, je le confisque à telle fin que de raison.

Air : *Du Vaudeville des Deux-Chasseurs.*
Avec amitié je t'engage
A mieux employer tes instans
Ma chère enfant, il n'est pas sage
De lire toujours des romans.
Ces beaux livres tournent la tête ;
Fille ne doit, en vérité,
Lire que la civilité,
Pour demeurer toujours honnête.

SCÈNE III.

JULIE seule.

Ce n'est pas l'embarras, mon père a raison, je ferais peut être mieux d'épouser M. Pomard. C'est un homme de cœur et d'honneur... Oui ; mais il n'a pas cultivé son esprit ; il ne raffine pas sur les sentimens. Petit-peux, au contraire...

Air : *De la Rosière.*

D'un esprit paissible,
Galant, au possible,
Délicat sensible,
Tout comme un roman,
Avec esprit jase
Et sans trop d'emphase
Vous tourne une phrase
Admirablement.

'Air adorable ;
Sourire affable,
figure aimable,
Regard languissant ;
Tournure leste,
Démarche preste, .
Coup d'œil céleste,
Jargon séduissant.
    Sa plume éloquante ;
Son ame brûlante
Et sa tête ardente,
Le font adorer !
De l'amour qu'il jure
La vive peinture
Parviendra, j'assure,
A m'en inspirer.

A me séduire ;
Oui tout conspire...
Comme il soupire,
Parlant de ses feux ?
Que de tendresse,
Quand il me presse
Dans son ivresse
D'écouter ses feux !
    A l'instant, peut-être,
S'il vient à paroître,
Je vais le connaître
Pour mon seul vainqueur.
Mon ame est si tendre
Qu'il faudra me rendre...
Comment se défendre
D'un tel précepteur ?

SCÈNE IV.

JULIE PETIT-PREUX.

PETIT-PREUX *se montrant.*

Cette enchanteresse, comme sa voix porte au cœur ? Dangereuse Syrêne, pourquoi t'ai-je vue, connue, fréquentée ? Pourquoi... Etes-vous disposée, Julie, à prendre votre leçon pour le quart d'heure ?

JULIE.

Plus de leçons : mon père me trouve assez éduquée comme ça.

VAUDEVILLE *de l'intrigue sur les toîts.*

    Il dit que, pour le mariage,
    Femme a toujours assez d'esprit,
    Et que, pour faire un bon ménage,
    Un bon caractère suffit.
    Il dit qu'une femme ignorante,
    Pour le bonheur, est ce qu'il faut,
    Et que d'une femme savante,
    Souvent le mari n'est qu'un sot.

PETIT-PREUX.

Fort bien ; mais je ne laisserai pas votre éducation incomplète : je la paracheverai ; il y va de mon honneur....

JULIE.

Il y va de vos jours, si vous revenez.

PETIT-PREUX.

De mes jours ! et pourquoi ?

JULIE.

Mon père a trouvé le livre.

PETIT-PREUX.

Il a trouvé le livre.....

JULIE.

Et il prétend que c'est pour me faire partager l'amour que....

PETIT - PREUX.

L'amour que...... continuez.

JULIE.

Qu'il suppose.......

PETIT - PREUX.

Achevez.

JULIE, *timidement.*

Que vous avez pour moi.

PETIT - PREUX, *déclamant.*

» Le voilà donc connu ce secret..... que je n'avais pas encore osé me divulguer à moi-même.

JULIE.

Il est donc vrai que.......

PETIT - PREUX.

On ne peut pas plus vrai; et puisque l'occasion se présente de vous parler de ma flamme si naturellement, apprenez, Julie...

JULIE.

Quoi donc ?

PETIT - PREUX.

AIR : *Toujours courant après une belle.*
  Toujours assis près de ma belle,
  Je lui parle deux fois par jour ;
  Et toujours discret avec elle,
  Je souffre..... et cache mon amour.

JULIE.

Que ne puis-je vous écouter!

PETIT - PREUX.

Qui l'empêche ?

JULIE.

Mon père , mon devoir.

PETIT - PREUX.

S'arrête-t-on à çà , quand le cœur....

JULIE.

Le mien n'est plus à ma disposition.

PETIT - PREUX.

Qui le possède ?

JULIE.

Personne encore ; mais mon père veut que je le donne!

PETIT - PREUX.

Votre père ! a-t-il jeté son dévolu ?

JULIE.

Précisément.

PETIT - PREUX.

Et vous allez.....

JULIE.

Obéir !

PETIT - PREUX.

Oui-dà. Eh bien, moi je vais......

JULIE.

Où ?

PETIT - PREUX.

Sur le pont de la Tournelle.

JULIE.

Vous m'effrayez.

PETIT - PREUX.

Montez à votre croisée, vous me verrez faire......

JULIE.

Quoi !

PETIT - PREUX, *avec énergie.*

Le *saut*.

JULIE.

Juste ciel !

PETIT - PREUX.

De Leucate.

JULIE.

Quel est ce saut-là ?

PETIT - PREUX.

Il est vrai que dans nos leçons nous n'y étions pas encore arrivés. Leucate était une île grecque de l'*Archipel du Bosphore*, sur la mer Rouge, entre Rome et Athènes. Dans cette île était un rocher ; sur ce rocher.....

AIR *de Claudine.*

De vingt stades à la ronde,
Tous les amans malheureux
Venaient se jeter dans l'onde
Afin d'éteindre leurs feux.
S'il fallait pour une ingrate
Encor à l'eau se jeter,
Que d'amans, comme à Leucate ;
Chez nous l'on verrait sauter !

JULIE.

Cela arrivait donc fréquemment ?

PETIT - PREUX.

Oui ; c'est en y mourant qu'on s'immortalisait. Enfin ; l'aventure de la belle Sapho date de 2000 et quelques années ; eh bien ! le tems n'a pas fait oublier *Sapho* : je vais suivre un si noble exemple ; sous la valeur de trois minutes.....

JULIE.

Petit-Preux,.... conservez vos jours.....

PETIT - PREUX.

Pourquoi ?

JULIE.

Pour donner encore quelques leçons à votre écolière.
Petit-Preux, qu'il ne soit pas dit que votre amour pour
Julie ait occasionné votre trépas.

PETIT-PREUX.

S'il était partagé cet amour, je ne prendrais pas un parti
aussi violent......

JULIE.

Eh bien ! décidez mon père en votre faveur, et s'il vous
nomme mon époux......

PETIT-PREUX.

Vous confirmeriez la nomination ?

JULIE, *avec dignité.*

Je vous permets de l'espérer.

PETIT-PREUX, *avec enthousiasme.*

Puissance du ciel ! j'avais une ame pour la douleur; donnez-
moi z'en donc une pour la félicité !

JULIE, *à part.*

Les voilà ces élans de tendresse, que je redoutais pour ma
tranquillité !

PETIT-PREUX.

Femme adorable ! cet aveu précieux me rend à la vie.
Adieu le pont de la Tournelle, je ne veux plus sauter.
(*Il lui baise la main.*)

SCÈNE V.
LABRETONNIERE, JULIE, PETIT-PREUX.

LABRETONNIÈRE.

Ah ! je vous y prends, docteur Musa. Tu-dieu comme
vous vous échauffez !

PETIT-PREUX.

Monsieur......

LABRETONNIERE.

Joli métier que vous faites là. Bel exemple à suivre que
le vôtre !

PETIT-PREUX.

Daignez observer.....

LABRETONNIERE.

Monsieur, je m'appelle Hugues de Labretonniere. J'ai été
quinze ans caporal au régiment de Champagne, et depuis
trente-cinq ans, je donne des leçons d'armes dans mon île,
et par fois sur le continent.

PETIT-PREUX.

Monsieur je.....

LABRETONNIERE.

Paix, je suis chatouilleux, entendez-vous, chatouilleux
au dernier point sur le chapitre de l'honneur.

PETIT-PREUX.

Pour l'honneur, Monsieur? ..

LABRETONNIERE.

Paix, je vous rencontre en tournée chez une de mes pratiques; on me vante vos talens ; j'y crois, je me fie à vous. Votre air benin, je dirais presque bête, m'y engage. Je vous confie l'éducation de ma fille unique, Julie de Labretonniere, et pour répondre à ma confiance, vous pervertissez l'innocente, vous.....

JULIE.

Pour cela, mon père.....

LABRETONNIERE.

Paix. Vous lui prêtez des romans qui la tiennent éveillée jusqu'à des minuits. Je ne m'étonne plus si la chandelle va si vite à présent chez moi.

AIR : *On se chagrine trop vite.*

Cette perfide lecture
Entraine avant dans la nuit.
De deux façons, je vous jure,
Cette méthode là nuit.
En juillet comme en décembre
Mainte fillette à ce jeu,
Dans son cœur et dans sa chambre,
S'expose à mettre le feu.

PETIT-PREUX.

A l'égard du feu.....

LABRETONNIERE.

Quant à vous, mademoiselle, allez porter vos enluminures rue Saint-Jacques, à la Belle image. J'ai deux mots d'explication à demander à votre précepteur, et votre présence deviendroit assez superflue.

JULIE.

Ah ! mon père, je vois où vous en voulez venir. Je sais comment le père de Julie d'Etanges se conduisit en pareille circonstance, et.....

LABRETONNIERE.

Quand le père de Julie d'Etanges priait poliment sa fille de se retirer, je suppose qu'elle obéissait, et je vous prie d'en faire autant. (*Julie sort.*)

SCÈNE VI.

LABRETONNIERE, PETIT-PREUX.

LABRETONNIERE.

A nous deux maintenant.

PETIT-PREUX.

Je vous écoute.

LABRETONNIERE.

Vous vous êtes rendu coupable, Monsieur, envers ma famille, et envers mon quartier.....

PETIT-PREUX.

Comment, Monsieur ?

LABRETONNIERE.

En cherchant à séduire ma fille !

PETIT-PREUX.

Monsieur, si vous saviez de quelle manière on élève les demoiselles actuelles....

LABRETONNIERE.

Belle éducation, et sur-tout fort utile !

Air : *Une fille est un oiseau.*

On leur apprend à chanter ;
Pourtant dès qu'on les marie,
En dépit de l'harmonie,
On les voit se disputer.
Savent-elles la peinture,
Elles jugent la figure
Et la taille, et la tournure
De l'amant qui suit leurs pas...
Et marchant bien en cadence,
Mieux elles savent la danse,
Plus elles font de faux pas.

PETIT-PREUX.

Croyez, Monsieur, que mon intention n'a jamais été d'en faire faire à mademoiselle votre fille. Je l'aime, c'est vrai ; j'ai trouvé occasion de le lui dire, et je le lui ai dit ; mais dans tout cela, rien contre les mœurs, rien contre la décence.

Déclamant.

Le jour n'est pas plus pur que le fond de mon cœur.

LABRETONNIERE.

Vous avez profité de l'ascendant qu'un maître a sur son écolière.....

PETIT-PREUX.

A l'égard de ce chapitre, je ne serais pas le premier précepteur, ni même le troisième..... et sans remonter plus loin, il y a mille ans tout au plus qu'Abeilard.....

LABRETONNIERE.

C'est-à-dire que vous avez cru trouver chez moi une Heloïse.

PETIT-PREUX.

Et l'amant de Julie.....

LABRETONNIERE.

Monsieur serait un petit-Saint-Preux.

LABRETONNIERE.

Je ne m'étonne plus si j'ai trouvé tous les murs et les

parapets de l'île barbouillés du nom de Julie avec un cœur enflammé.... en charbon !.....

PETIT-PREUX.

Vous savez M. qu'aux rochers de la Meillerie.....

Air : *Du Vaudeville de l'Avare,*
Comme vous j'ai lu cet ouvrage :
Sans approuver en tout Rousseau,
Pourtant j'admire, à chaque page,
Les traits brillans de son pinceau.
Oui dans l'Héloïse nouvelle,
Saint-Preux est fait pour enchanter ;
Mais tel qui cherche à l'imiter,
Sera toujours loin du modèle.

PETIT-PREUX.

Quoiqu'il en soit, j'ai employé tous mes talens à l'éducation de mademoiselle votre fille, et elle me doit.....

LABRETONNIERE.

Dix cachets à seize sols.

PETIT-PREUX.

ça fait huit francs.

LABRETONNIERE.

Je ne vous les paierai pas. Mais comme vous me devez vous-même......

PETIT-PREUX.

Quoi donc ?

LABRETONNIERE.

Une réparation ; et qu'en l'exigeant tout de suite ; j'aurais trop d'avantage sur un doucet de votre espèce qui ne connaît d'autre pointe que celle de sa plume....

PETIT-PREUX.

Ne vous y fiez pas.

AIR : *De la cinquième édition.*
Pour se défendre chacun prend,
Son arme la plus familière :
La moins apparente souvent
Est aussi la plus meurtrière.
Craignez de maint auteur sournois,
La plume dans le fiel trempée ;
Un coup de plume quelquefois,
Pique aussi fort qu'un coup d'épée.

LABRETONNIERE.

Comme donc, Monsieur, j'aurais sur vous trop d'avantage, e veux bien vous donner quelques leçons. (*Il met la main ur le genou*), en garde pour la première.

PETIT-PREUX.

Alte-là, Monsieur, prenez que vous ne me devez rien. 'aime mieux ne pas être payé du tout, que d'être payé de ette monnaie-là. Je vous fais grace des dix cachets.

LABRETONNIERE.

Vous avez peur ?.....

PETIT-PREUX.

Ce n'est pas la peur, Monsieur ; c'est le respect qui me lie
les mains. Pour rien au monde je ne voudrais avoir à me re-
procher la mort du père de mon amante. Au lieu de vous,
que n'ai-je en tête le rival malencontreux, qui me nuit
aujourd'hui ! c'est alors que je donnerais un certain essor à
ma valeur.

LABRETONNIERE.

Eh bien ! je vous prends au mot. Cherchez votre rival,
provoquez-le, battez-le ; ma fille est à vous. Mais si vous
succombez, fuyez à jamais ma présence, et la présence de
celle que vous avez séduite. Adieu. (*Il sort en mettant la
main sur la garde de son épée*).

SCÈNE VII.

PETIT-PREUX *seul.*

Diable ! il prend son parti bien vîte, cet homme-là ! allons,
il n'y a donc plus à reculer, il faut se battre ou perdre Julie.
L'alternative serait susceptible d'être plus gaie.

AIR : *Sexe Charmant.* (*de Guinare*).

Objet charmant, j'adore ton empire !
A mon rival dois-je céder !
Mais la valeur ne peut se commander,
Prions l'amour qu'il m'en inspire.

Et j'en ai grand besoin. Car au fait, je viens de m'engager
là, moi, tant soit peu témérairement......

SCÈNE VIII.

PETIT-PREUX,   POMARD.

PETIT-PREUX (*à part*).

Tiens, c'est Pomard, mon écolier de l'autre jour. Que
diable vient-il chercher dans ces parages ?

POMARD *sans voir Petit Preux* (*à part*).

Décidément, il faut que je sache aujourd'hui sur quelle
herbe danser ; et si j'épouserai ou non Julie de Labretonnière (*appercevant Petit-Preux*), mais je ne me trompe pas,
c'est mon maître d'école. Dites donc, Monsieur Petit-Preux,
qu'est-ce que vous cherchez donc dans le quartier ?

PETIT-PREUX.

Ah ! mon cher Pomard, quand on aime, et qu'on est
aimé ; l'on se prépare, te dis-je, une fameuse multitude de
chagrins.

POMARD.

Je croyais, quand l'amour était réciproque.....

PETIT-PREUX.

Et tu avais tort de croire, mon ami ; on voit bien que tu es
encore aussi écolier sur l'article des passions que sur le cha‑
pitre d'autre chose.

AIR : *Du petit mot pour rire.*

Ce petit Dieu qu'on nomme amour,
Met tout son plaisir, chaque jour,
A voir couler vos larmes ;
Il est sournois, il est méchant ,
Et toujours le malin enfant
Se *rit de vos* (ter) allarmes.

POMARD.

Moi, je ne vise pas tant au sérieux. J'ai ben aussi queque
sujet d'être triste , mais :

AIR : *Belle Raimonde.*

J'ai de la philosophie ,
Gaîment je prends mon parti ;
Et les peines de la vie ,
Sur moi glissent , Dieu merci !
Une tristesse profonde ,
Voyez-vous ne mène à rien :
Tout n'est pas rose en ce monde ;

PETIT-PREUX.

Ah ! mon cher, on le sent bien.

POMARD.

Ah çà, puisque le cœur de votre belle est en correspon‑
dance avec le vôtre, je ne vois pas......

PETIT-PREUX.

Tu ne vois pas qu'il y a un père qui se jette à la traverse.

POMARD.

V'là la différence. C'est le père qui est de mon bord, et la
fille va de côté. Mais comment diable faites-vous donc pour
vous faire aimer ? car enfin vous n'êtes pas plus beau que
moi.

PETIT - PREUX.

La beauté n'est qu'un don fragile ; c'est une fleur que
les frimats effeuillent , et qu'un printems voit naître et
mourir, et comme j'en ai fort peu, je cherche à m'en passer.

AIR : *Dans la Vigne à Claudine.*

Certes sur ma figure ,
On compte peu d'attraits.

POMARD.

Il n'est dans la nature ,
Guères de gens plus laids.

PETIT-PREUX.

Cela revient au même ,
Mon cher, puisqu'en effet ,

Aux yeux de ce qu'on aime,
On est *beau dès* qu'on plaît.

POMARD.

Et dites moi quel est l'objet enchanteur qui a si bon
goût, et dont le père en a si peu ?

PETIT-PREUX.

Une jeunesse de l'Ile.

POMARD.

En Flandre ?

PETIT-PREUX.

Non, Saint-Louis; la plus belle peut-être de l'arrondis-
sement.

POMARD.

Vous la connûtes ?

PETIT-PREUX.

A la noce de la fille aînée du marchand d'Estampes de
la rue Cocatrix, dont je sortais de faire l'éducation.

POMARD.

J'ai manqué d'en être moi de c'te noce-là.

PETIT-PREUX.

J'y fus convié par un billet à la main; et c'est-là, comme
je le disais, que je vis pour la première fois l'adorable insu-
laire qui me captive. Tu sais que le repas de noce eut-lieu
au petit Gentilly.

AIR : *Des Fleurettes.*

A deux pas de ma belle,
A table on me plaça;
Et tout d'un coup pour elle,
Mon amour commença.
De sa danse légère
La grace me charma,
Et tout mon feu s'alluma
A la Glacière.

POMARD.

A la Glacière ! y danse-t-elle quelquefois, indépendam-
ment des noces, où elle se trouve ?

PETIT-PREUX.

Tous les dimanches et fêtes, quand elle a touché la
rétribution de ses enluminures de la semaine.

POMARD.

Enluminures ! mais la mienne enlumine aussi.

PETIT-PREUX.

Elle enlumine !

POMARD.

Est-elle jolie ?

PETIT-PREUX.

A ravir.

POMARD.

Tendre ?

PETIT - PREUX.

A croquer.

POMARD.

Des qualités ?

PETIT - PREUX.

AIR : *D'un Epoux chéri*, (d'Adolphe et Clara.)
C'est un modèle de science,
De vertus, de discrétion :
Elle m'aime avec passion,
Et son cœur connaît la constance.

POMARD.

C'est un prodige que cela ;
Où trouver femme aussi parfaite ?

PETIT – PREUX.

Dans quelle rue ?... Ah m'y voilà ! (*bis*).
Celle de la Femme sans tête.

POMARD.

La Femme sans tête !... c'est la mienne. Elle s'appelle...?

PETIT - PREUX.

Julie.

POMARD.

De Labretonnière ?

PETIT – PREUX.

Précisément. Nous serions rivaux !

POMARD.

Il paraît que oui.

PETIT - PREUX.

Vous, le rival de votre instituteur !

POMARD.

L'amour ne connaît pas de maître.

PETIT - PREUX.

Non. Eh bien ! je t'abandonne à ton ignorance. Végète
dans une patache ou sur un quai. Passe ta vie à compter des
futailles, ou goûter des vins. Tes lèvres, du moins ne goû-
teront plus l'ambroisie et le nectar de la science.

POMARD.

Nectar toi-même, entends-tu. Je m'en passerai bien. J'ai
assez de mes vins de Tonnerre, de Chablis, de Beaune, de
Nuits, de.....

PETIT - PREUX.

Tu m'endors avec tes vins de *Beaune et de Nuits*. N'es-tu
pas honteux, depuis six mois, d'en être encore à l'addition ?
Je t'aurais appris la soustraction, qui aurait fait ta fortune,
la règle de compagnie, pour te présenter en société ; mais tu
ne seras jamais qu'une chétive pécore.

POMARD.

Pécore, tant que tu voudras ; mais Julie de Labretonnière
me l'appartiendra jamais.

PETIT-PREUX.

Jamais !

AIR *des fraises.*

Au sort de c'te beauté-là
Ma destinée est jointe ;
Un de nous deux cédera.....

POMARD.

Il faut la disputer à
La pointe.   (*ter.*)

PETIT-PREUX.

De l'île ?

POMARD.

Non : de l'épée, et je cours chercher la mienne
(*Il sort.*)

SCÈNE IX.

PETIT-PREUX, JULIE.

JULIE, *accourant.*

Ah ! mon cher Petit-Preux, je viens de rencontrer mon père,
rue Gallande, au coin de la rue des rats. Il m'a dit à quel
prix vous deviez obtenir ma main, et je ne veux pas qu'elle
vous coûte si cher !

PETIT-PREUX.

Puis-je trop la payer !

JULIE.

Mais cette bravoure subite.......

PETIT-PREUX.

Le duel, j'en conviens, fut toujours éloigné de mes principes, et plus particulièrement encore de mon goût. Mais il
s'agit de vous perdre, et çà change la thèse : (*avec feu*)
mourir ou te posséder, ô mon amante !

JULIE.

Quelle exaltation !

PETIT-PREUX.

J'attends ici le téméraire, et dans un quart-d'heure, sous
tes fenêtres, sans témoins.

JULIE.

J'avais entendu dire qu'il en fallait.

PETIT-PREUX.

C'est assez l'usage.

AIR : *j'ai vu par-tout dans mes voyages.*

Ils ont toujours de la besogne
Et sont très-utiles vraiment,

Lorsque dans le bois de Boulogne,
Afin de se battre, on se rend.
Les rivaux seuls, dans ces affaires,
Pourraient se causer bien des maux ;
Et les témoins sont nécessaires
Pour les séparer à propos.

JULIE.

Pour les séparer.... Ne vous battez pas sans témoins.

PETIT-PREUX.

Laissez donc, çà coûte trop cher.

Même air.

Pour un duel, vous savez sans doute
Que c'est le matin qu'on choisit :
On est à jeûn, et puis la route
Donne à chacun de l'appétit.
Or, ces messieurs-là, sans reproche ;
Vous laisseraient assassiner,
Si l'on n'avait pas dans sa poche
De quoi payer à déjeûner.

JULIE.

D'ailleurs, vous ne savez pas que ce Pomard, maintenant
commis à l'octroi, a été prévôt de salle de mon père.

PETIT-PREUX.

Diable, j'ignorais cette particularité ; elle est assez essen-
tielle.... Il faudra user de ruse. Ah ! idée superbe qui m'ar-
rive à ce sujet-là ! Pomard croit-il que vous l'aimez ?

JULIE.

Je n'en sais rien.

PETIT-PREUX.

Quand il va revenir, feignez pour ses jours, un intérêt
quelconque ; dites-lui que......

SCÈNE X.

PETIT-PREUX, JULIE, POMARD.

POMARD, *les apercevant, se cache pour écouter.*

JULIE, *bas à Petit-Preux.*

Le voilà. Vous êtes perdu.

PETIT-PREUX, (*bas à Julie*).

Non, Julie ; secondez-moi, et tout ira bien. (*Haut pour
être entendu de Pomard*). Votre père vous le destine, ce
Pomard, et j'en ai acquis la certitude ; mais je lui vais pousser
une botte qui le traversera.

POMARD, *bas à part.*

Ah! ah!.... Voyons ta botte.

JULIE.

Quelle botte ?

PETIT-PREUX, *bas à Julie.*

Si mes jours vous sont chers, dites comme moi. (*Haut*) Vous savez qu'à présent l'auteur de vos jours, vers le déclin des siens, est revenu à des sentimens plus moraux ?

JULIE.

Je le sais.

PETIT-PREUX.

Vous savez encore que c'est uniquement pour subvenir à ses moyens d'existence, qu'il continue à donner en ville des leçons de cet art meurtrier, dont il déplore si amèrement les résultats.

JULIE.

Je le sais.

PETIT-PREUX.

Oui, mais le dégustateur du quai Saint-Bernard, qui n'en sait rien, vient d'accepter un défi que je lui ai porté tout exprès. Il est allé dans sa niche à roulette ceindre sa joyeuse; il va revenir dans le dessein de se battre ; et moi, pour entrer dans les vues de votre père, qui sera témoin caché de l'aventure, je provoquerai le bretailleur, qui me répondra les armes à la main. Votre père, alors choqué de sa mauvaise tète, me donnera votre main, et lui donnera son congé.

POMARD, *à part.*

Bon à savoir : allons déposer mon épée en main tierce, et trompons le trompeur.

SCÈNE XI.

JULIE, PETIT-PREUX.

PETIT-PREUX.

Le stratagême a réussi à merveille.

JULIE.

Et vous ne craignez pas que s'il vient à s'apercevoir....

PETIT-PREUX.

Je ne lui donnerai pas le tems de se reconnaître.

SCÈNE XII.

LABRETONNIERE, JULIE, PETIT-PREUX.

PETIT-PREUX *allant vers M. de Labretonniere.*

Eh bien, cher beau-père, j'ai vu mon rival, je lui ai parlé, je l'ai fait trembler, et dans un quart-d'heure, le sang du téméraire Commis, répandu à cette place, aura prouvé.....

LABRETONNIERE.

Mon ami ce qui vient de se passer, loin de m'irriter contre vous, ajoute singulièrement à l'estime que j'avais conçue

pour vous. Tuez ou blessez votre rival, et je vous le répète,
Julie de Labretonniere est à vous.

PETIT-PREUX *déclamant.*

Pour mériter son cœur, pour plaire à ses beaux yeux,
Je combattrai Pomard, je combattrais les Dieux.
(*Reprenant le ton naturel*) auriez-vous par hazard une épée
de rechange à me prêter ?

LABRETONNIERE.

J'ai un excellent fleuret déboutonné ; s'il peut vous être
agréable, je suis de force à vous le prêter.

PETIT-PREUX, *fièrement.*

Je vous le rendrai digne de vous et de moi.
(*Ils entrent tous deux dans la maison*).

SCÈNE XIII.
JULIE *seule.*

Et je me laisserais séduire par un homme qui veut obtenir
ma main au prix d'une fourberie !

SCÈNE XIV.
JULIE, POMARD.

POMARD.

Salut à ma belle future.

JULIE.

Croyez-vous que Petit-Preux vous cède la place aussi
facilement ?

POMARD.

Nous verrons.

JULIE.

Quoiqu'il en soit, je vous engage à ne pas vous en fier
aux apparences, et à vous défendre bravement.

POMARD.

Je me suis fait un système de défense auquel mon adver-
saire ne s'attend pas.

JULIE.

Vous auriez peut-être raison d'en changer.

POMARD (*à part*).

Nage toujours, mais ne t'y fie pas.

JULIE (*à part.*)

Je suis sur le point de lui tout avouer.

SCÈNE XV *et dernière.*
PETIT-PREUX *avec un fleuret,* POMARD, JULIE,
LABRETONNIERE *à la croisée.*

PETIT-PREUX.

Me voici, Monsieur ; êtes-vous disposé à me faire raison ?
Vous fuyez Julie ?

JULIE.

Pour ne pas être témoin de sa mort ou de la vôtre.

(*Elle sort.*)

PETIT-PREUX.

Eh bien, Monsieur, je vous le répète: êtes-vous disposé à
me faire raison?

POMARD (*à part*).

Bon, le papa est à la croisée! (*Haut*). Raison, de quoi,
Monsieur?

PETIT-PREUX.

Ne suis-je pas votre rival?

POMARD.

Je le sais.

PETIT-PREUX.

Eh bien donc, en garde.

(*Pomard ne fait aucun mouvement.*)

Air: *Prenons d'abord l'air bien méchant,*
(*d'Adolphe et Clara.*)
Vous reculez?

POMARD.

Vous le voyez

(*A part*) De m'émouvoir envain il tâche.

PETIT-PREUX.

Vous avez peur?

POMARD.

Vous le croyez.

PETIT-PREUX.

Je crois que vous êtes un lâche.

Ensemble à part.

POMARD.	PETIT-PREUX.
Il croit m'attraper, je le tiens,	Ah! dans ce moment je le tiens,
De me défendre je n'ai garde.	Car de se défendre il n'a garde.

PETIT-PREUX.

En garde Monsieur.

POMARD.

C'est fort bien,
Mais sans que vous en sachiez rien,
Contre vous je suis bien engarde,
Ensemble.
Contre vous je suis bien en garde.

PETIT-PREUX.

Ah çà mais que signifie...?

POMARD.

J'ai fait des réflexions.

PETIT-PREUX.

Sur quoi?

(23)

POMARD.

Sur les duels en général , et sur le nôtre en particulier.
N'est-il pas inoui que deux amis se coupent la gorge ?

PETIT - PREUX.

Il est vrai que c'est jugulant.

LABRETONNIERE *à part.*

Le lâche !

POMARD.

(*A part*) Haut pour que le père m'entende (*à Petit-Preux*).
Je suis bien revenu de ce vilain préjugé-là.

Air : *De Jean Monet.*

Je déteste la manie
De tous ces vieux ferailleurs,
Qui de vous ôter la vie
Se vantent , lorsque d'ailleurs ,
    Ces croquans
    Si méchans ,
Dans une grande équipée
Sont plats comme leur épée ;
Mais sans être aussi piquans.

LABRETONNIERE *haut à la fenêtre.*

Je suis à vous tout-à-l'heure , mon cher.

POMARD (*à part*).

Il a tout vu ; mon bonheur est sûr.

PETIT - PREUX (*à part*).

Il a tout entendu ; je touche à la félicité suprême. *Il chante :*
Oui c'en est fait je me marie , etc.

LABRETONNIERE *arrivant avec sa fille ,* à POMARD.

Je vous félicite sérieusement , Monsieur , des nouveaux
principes que vous venez d'adopter.....

POMARD.

N'est-ce pas , mon cher ami ?.....

LABRETONNIERE.

Touchez-là , vous n'aurez pas ma fille.

POMARD *riant.*

Excellente , la plaisanterie ; excellente.

LABRETONNIERE.

Que dit-il ?

POMARD.

Et je crois avoir prouvé suffisamment.....

LABRETONNIERE.

Ta poltronnerie. En a-t-il fait assez pour te provoquer ?

POMARD.

Vous n'êtes donc pas content de la manière avec laquelle
résisté à la tentation ?

LABRETONNIERE.

Résisté à la tentation. Mais explique-toi donc !

PETIT - PREUX. (*à part.*)

Ah Dieu ! le beau-père va tout découvrir.

POMARD.

Je sais tout, mon ami, vous dis-je ! que vous avez changé
de goût, de mœurs, de.....

LABRETONNIERE.

Moi ! en voilà bien d'une autre.

PETIT - PREUX. (*a part.*)

Allons, c'est fait de moi.

POMARD.

Ah...... je devine...... et toi, vilain moule à conjugaisons
je découvre ta ruse (*à Labretonnière*) mon vieux ne crois pas
ce que tu viens de voir. Je redeviens ton prévôt, et nous
verrons si le précepteur se tire aussi bien d'un combat à
outrance que d'une règle de la sintaxe !

JULIE.

Mon père, permettez-vous ?

LABRETONNIERE *l'arrêtant :*

Taisez-vous, ma fille, et laissez-le venger son honneur.

PETIT - PREUX.

Je ne te crains pas. (*à part*) Faisons le brave ; il n'a pas
d'épée.

AIR : *Je ne sais pas si c'est l'amour.* (de l'intrigue sur
les toîts).

Allons, sans discours superflus,
Venge toi donc de mon offense.

LABRETONNIERE.

Tu vois bien qu'il est sans défense !
(*Il donne son épée à Pomard*).

POMARD.

Maintenant, je ne te crains plus.
Oui patience !

TOUS

Quoi, patience !

POMARD.

Ensemble. {	Ne jugez pas sur l'apparence ? Je vais me comporter au mieux ; Et le plus brave de nous deux, N'est ma foi pas celui qu'on pense. *Il se met en garde.* *Les trois autres.* Ne jugeons pas sur l'apparence ? etc. (*bis*

LABRETONNIERE.

Allons, Petit-Preux, tu recules.....

PETIT - PREUX.

Son épée a deux aulnes de long !

POMARD.

Défends toi donc ! (*il le pousse*).

(25)

PETIT - PREUX, *jetant son épée.*

Ah ! au secours !

LABRETONNIÈRE.

Retire toi de devant mes yeux. Je n'aime pas les lâches.

PETIT - PREUX.

Et moi je n'aime pas les braves ; ainsi nous ne nous devons rien.

LABRETONNIÈRE.

Pomard , ma fille est à toi.

POMARD.

Y consent-elle ?

JULIE.

Et de bon cœur , Monsieur Pomard : je ne suis plus dupe de son jargon , et je vois bien que souvent ceux qui en disent le plus sont ceux qui en font le moins.

LABRETONNIERE *à Petit-Preux , en ui rendant son livre.*

Voilà votre Nouvelle Héloïse , allez la prêter aux autre Demoiselles de l'Ile , et ne reparaissez plus devant nous.

PETIT - PREUX.

Sans rancune ; avec mes talens je trouverai d'autres maisons où l'on me paiera exactement mes cachets.

VAUDEVILLE FINAL.

AIR *du Vaudeville de l'Aveugle supposé.*

PETIT - PREUX.
Chacun apporte dans le monde ,
Un cachet plus ou moins brillant ;
Peintres , écrivains , à la ronde ,
Cherchent le cachet du talent :
Par le cachet de la sottise ,
Tel autre marque ce qu'il fait :
Qu'un intrigant vienne et l'instruise ,
Le sot paîra bien son cachet.

POMARD.
Souvent en butte à la satyre
De vingt prétendus connaisseurs ;
Les femmes qui veulent écrire ,
Ne rencontrent que des censeurs......
Malgré leur basse jalousie ,
Lorsque l'amour dicte un billet ,
On aime de femme jolie
A reconnaître le cachet.

LABRETONNIERE.

Rousseau, si ta plume brûlante,
De quelques erreurs se ressent,
Des fautes d'une tête ardente,
Ton cœur fut toujours innocent!
Amant de la philosophie,
Nous rendre bons fut ton projet:
Du sentiment et du génie,
Tes ouvrages ont le cachet.

JULIE.

Laissant gravir sur le Parnasse,
Maint auteur qui vise au renom;
Les nôtres ne briguent de place,
Que sur le penchant d'hélicon:
Chez eux, si de quelque saillie,
L'éclair léger brille et vous plaît;
Qu'aux vers dictés par la folie
Vos bontés mettent le cachet.

FIN.

De l'Imprimerie d'OGIER, rue Saint-Louis-
Saint-Honoré, n°. 6, près les Tuileries.

51.ème   Y.-a-d'l'ognon.
Vaudeville en un acte,
par M. M. Dumersan et Servières.
représenté sur le Théâtre des
Délassements, le 6 Janvier 1806.

    Il courait dans Paris, une chanson
populaire, dont le refrain était :
        Y a d l'ognon,
    d' l'ognon, d' l'ognette
        Y a d' l'ognon .
Elle nous donna l'idée de cette petite
pièce poissarde .

52ème   Le Capitaine LaRoche.
Comédie en un acte et en prose,
représentée pour la première et
dernière fois, Sur le Théâtre
Louvois, Le 21 Janvier 1806.
——   Chute complète.
Lapièce était demoi, et de Georges
Duval.
Picard jouait le Capitaine
LaRoche, et ne savait pas un
mot de son rôle.